Shavon St. Germain
info@deardaughterslovemom.com
www.deardaughterslovemom.com

DEDICACIÓN

Este libro está dedicado a mi amada familia. Todo lo que hago, lo hago por ti con amor y con una asombrosa devoción. Gianna y Arianna, Te amé antes de que te conociera. Mi oración por ustedes es que sean felices y reciban toda la gracia que Dios tiene para ustedes en esta vida. Gerd, tu has sido mi mayor animador a través de todo esto razón por la cual te estaré siempre agradecida. Los amo con todo mi corazón y mi alma.

Contenido

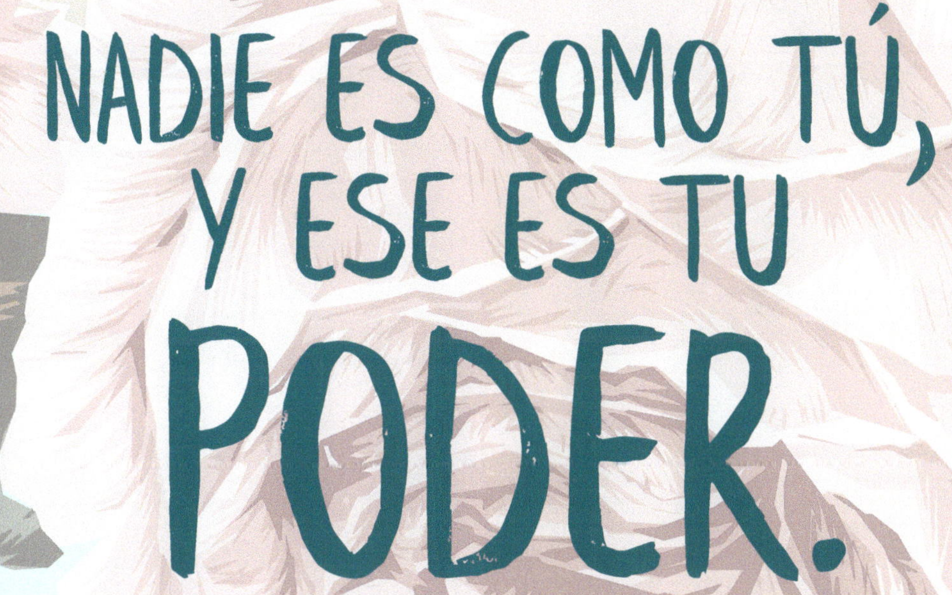

— DAVE GROHL

Amarte A Ti Mismo

Una lista de 10 cosas que amas de ti mismo.

1. ______________________________
2. ______________________________
3. ______________________________
4. ______________________________
5. ______________________________
6. ______________________________
7. ______________________________
8. ______________________________
9. ______________________________
10. ______________________________

Escoge 3 palabras que crees que otros usarían para describirte.

1. ______________________________
2. ______________________________
3. ______________________________

Utilice la siguiente escala para mostrar cuánto te importa lo que otros piensen de ti.

← 1 MENOS	2	3	4	5	6	7	8	9	10 MÁS →

Explique su respuesta.

____
____
____
____
____
____
____
____
____
____

Enumere 3 de tus peores características y piensa en cómo puedes hacer que giren en una forma positiva.

1. ______________ → ______________________
____

2. ______________ → ______________________
____

3. ______________ → ______________________
____

¿Qué es algo que siempre ha querido hacer, pero no lo hizo? Porqué no lo hizo?

EL SIGNIFICADO DE LA VIDA
ES ENCONTRAR TU DON.
EL PROPÓSITO DE LA VIDA
ES OBSEQUIARLO.
— PABLO PICASSO

El Propósito

¿Qué te trae gozo?

¿Qué dones traes?

¿Cómo quieres que otros se sientan?

¿Si el dinero no fuera un problema, ¿qué harías con tu tiempo?

¿Qué problema deseas resolver?

¿Qué te inspira?

¿Qué lamentarías no haber hecho completamente o tener en tu vida?

¿Qué quiero que sea mi legado?

NO HAY MANERA DE SER UNA
MADRE PERFECTA
PERO HAY UN MILLÓN
DE MANERAS PARA SER UNA
BUENA MADRE
— JILL CHURCHILL

EL Amor de Una Madre

¿Comó te sientes acerca de ser madre?

¿Cómo describirías tu manera de ser madre?

¿Qué es lo que más te gusta de ser madre?

¿Qué es lo que menos te gusta de ser madre?

¿Qué cambiarias acerca de tu manera de ser madre?

¿Cómo crees que tus hijas/os te describen como madre? ¿No estas segura? Preguntarles!

¿En qué te parece a tu madre?

¿Cómo eres a diferencia de tu madre?

¿Cómo te sientes acerca de tus hijos?

¿Qué quieres que tus hijos recuerden más de ti?

AMIGOS ENTRAN Y SALEN DE TU VIDA.

SÓLO LOS VERDADEROS PERMANECEN.

¿Qué Hay de Tus Amigos?

¿Cuál es tu definición de "amigo"?

¿Haces amigos fácilmente? ¿Por qué o por qué no?

Lista las 5 mejores cualidades que buscas en un amigo.

1.
2.
3.
4.
5.

¿Cómo se determina quién es un amigo "verdadero"?

¿Cómo determinas cuánto se puede compartir con un amigo?

¿Cuáles son los factores decisivos en una amistad?

PORQUE TENGO UNA
HERMANA,
SIEMPRE TENDRÉ
UNA AMIGA.

Soy La Guardiana de Mi Hermana

¿Cuál es el papel de una hermana?

¿Comó quieres que tus hijos(as) se traten uno al otro?

¿Qué esperas de ellos?

¿Cómo esperas que se conduzcan en tu ausencia?

NUNCA AMES A NADIE
QUE TE TRATE COMO
SI FUERAS ORDINARIA
— OSCAR WILDE

Los Niños, Los Aves y Las Abejas

¿Cómo sabes cuándo un chico/hombre te ama?

¿Qué significa estar enamorado?

¿Cuál es la diferencia entre estar "enamorado" y estar "en la lujuria"?

¿Comó conocer cuando estas lista para tener relaciones sexuales?

¿Qué cualidades debe tener el "elegido?"

¿Cómo puedes saber que alguien es "el hombre equivocado?"

¿Qué es lo más importante que deberíamos saber sobre los hombres/chicos?

¿Qué deberías saber de antemano sobre los hombres/chicos?

¿Cómo te sientes sobre "el sexo casual?"

¿Qué deberías entender acerca de los anticonceptivos?

¿Hay alguna vez un momento adecuado para no usar condones?

¿Es importante el número de parejas sexuales?

¿Cómo crees que tu comportamiento sexual impacta cómo los hombres te ven, y a su vez, te traten?

¿Cuál es tu objetivo para ir a una cita?

¿Qué deberías saber sobre un chico/hombre antes de iniciar una relación seria?

¿Cuál es el propósito del matrimonio?

¿Qué deberías de saber sobre un hombre antes de casarse?

¿Qué deberías de saber sobre un hombre antes de tener hijos?

LO QUE ES BUENO PARA TU
ALMA—
HAZLO.

Intervención Divina

¿Qué significa ser espiritual?

¿Crees que hay una diferencia entre la espiritualidad y la religión?

¿Hay uno más importante para ti que el otro?

¿Qué sientes acerca de Dios/"el universo"/ "poder elevado"?

¿Crees que es importante comunicarse con Dios/"el universo"/"poder elevado"?

¿Cómo defines tu experiencia con Dios/ "el universo"/"poder superior"?

¿Cuál es tu propósito para rezar siempre?

Lorem ipsum

¿Qué hace a alguien una "buena persona"?

EMPIEZA CADA
DÍA CON UN
CORAZÓN
AGRADECIDO.

Actitudes de Agradecimiento

¿Qué te hizo reír o sonreír hoy?

¿Por qué es afortunada?

¿Por qué estás agradecida?

¿Qué estoy dando por hecho por la cual debería de estar agradecida?

¿Qué conocimiento he adquirido, por cual debo de estar agradecida?

¿Por qué relaciones estoy agradecida?

¿Qué capacidad tengo para ayudar a otros, por lo cual estoy agradecida?

UN NIÑO SIN
EDUCACIÓN,
ES COMO UN PÁJARO
SIN ALAS.
— PROVERBIO TIBETANO

Educación

¿Qué aspecto de la educación es más importante?

¿Es necesario que la educación sea formal?

¿Cuál es la carrera/trabajo de tu sueño? ¿Por qué?

¿Estás viviendo ese sueño?

¿Qué te ayudó/impidió alcanzar ese sueño?

¿Cuál es el aspecto más importante y necesario para asegurar que alcances y se haga realidad ese sueño?

¿Qué deberías considerar al tomar una decisión sobre las metas/objectivos de la vida?

Si tuvieras que elegir ¿elegirías la belleza o el cerebro?

¿Cómo percibes el fracaso?

EL DINERO NO ME IMPRESIONA
A MENOS QUE SEA
MI DINERO.

¿Cuál es la diferencia entre un deseo y una necesidad?

¿Qué estás tratando de adquirir con el dinero que tienes?

¿Cuál crees que es el propósito del dinero?

¿Qué quieres que tus hijos sepan sobre el dinero?

¿Valoras el dinero? ¿Cómo?

¿Cuál es su plan para pasar las riquezas de generación a generacion?

¿Qué debe saber toda mujer sobre el dinero?

El dinero/regalos, ¿le da derecho a un hombre al sexo?

¿Cuáles son las ventajas de hacer y tener su propio dinero?

¿Cuál es una forma segura de entrar en deuda?

¿Cómo debe usted construir su crédito? ¿Por qué?

¿Cómo crees que podrías usar tus habilidades para ganar riqueza?

LA COMPARACIÓN ES EL LADRÓN DE LA ALEGRÍA.

— THEODORE ROOSEVELT

Permanezca en Su Carril

¿Cómo te mantienes enfocado en tus objetivos?

¿Cómo resistes la tentación de compartir con los demás?

¿Cómo defines el éxito?

¿Cuáles son sus prioridades?

¿Para quién o para qué vives?

¿Cuáles son las cosas más importantes en tu vida? ¿Y porqué?

PREOCUPARSE MÁS POR SU CARÁCTER QUE POR SU REPUTACIÓN.
— JOHN WOODEN

Ser Una Mujer de Carácter

¿Qué significa tu reputación para ti?

¿Cómo se asocia el carácter y la reputación?

¿El estado actual de su reputación representa su carácter?

¿Representa su círculo de amigos sus valores principales?

¿Crees que es importante proteger tu reputación?

¿Cómo puede proteger su reputación?

¿Crees que es más fácil preservar o reparar tu reputación?

¿Cuáles son algunos rasgos de carácter qué cree son importantes para poseer?

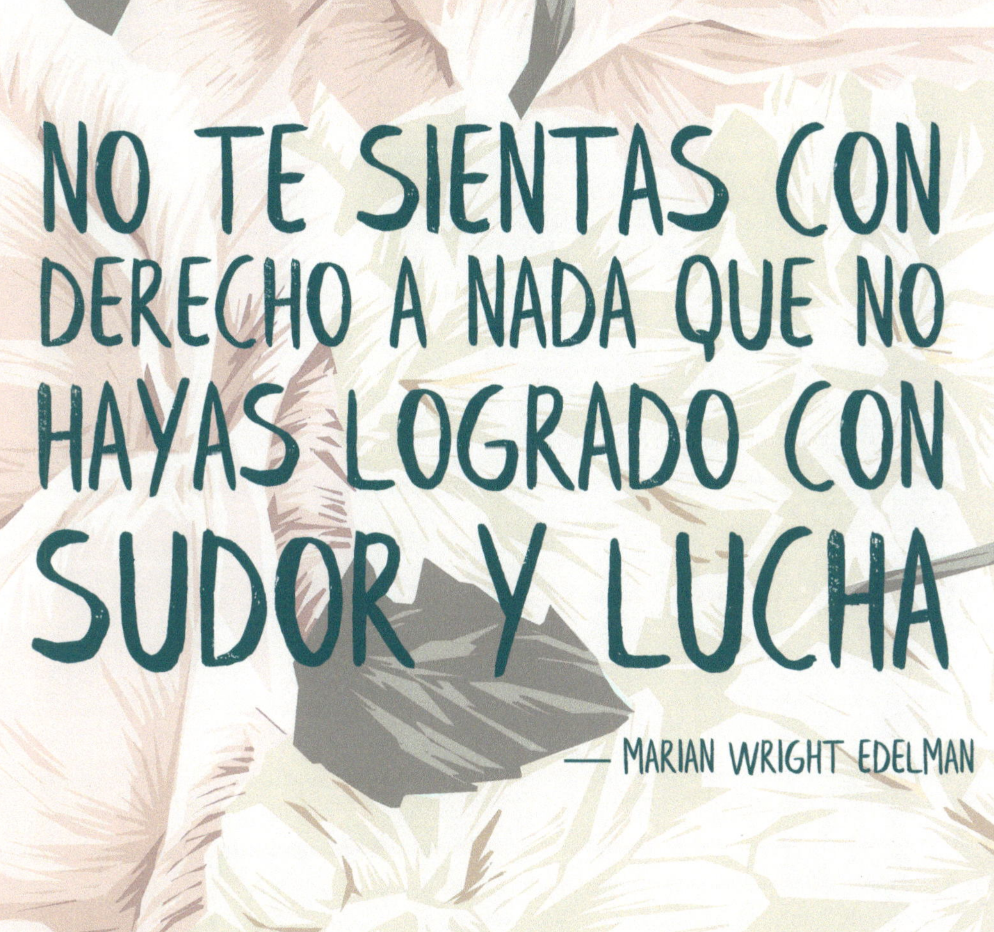
NO TE SIENTAS CON
DERECHO A NADA QUE NO
HAYAS LOGRADO CON
SUDOR Y LUCHA
— MARIAN WRIGHT EDELMAN

Nadie Te Debe Nada

¿Cómo defines lo que te corresponde por derecho?

¿Cómo se comporta uno que cree que tiene derechos correspondidos?

¿Cómo se llega a la noción de que tienen derechos correspondidos?

¿A qué tienes derecho?

www.ingramcontent.com/pod-product-compliance
Lightning Source LLC
LaVergne TN
LVHW052253100826
845147LV00001B/36

* 9 7 8 1 7 3 2 3 3 4 6 4 9 *